A. BOUDILLON

Sous-Inspecteur de l'Enregistrement et des Domaines
détaché en Afrique Occidentale

LA
QUESTION FONCIÈRE

ET L'ORGANISATION DU

LIVRE FONCIER

EN

Afrique Occidentale Française

Conférence faite à Bruxelles, le 18 Octobre 1910

PARIS

Augustin CHALLAMEL, Éditeur
Rue Jacob, 17
Librairie maritime et coloniale

1911

A. BOUDILLON

Sous-Inspecteur de l'Enregistrement et des Domaines
détaché en Afrique Occidentale

LA
QUESTION FONCIÈRE

ET L'ORGANISATION DU

LIVRE FONCIER

EN

Afrique Occidentale Française

Conférence faite à Bruxelles, le *18 Octobre 1910*

PARIS

Augustin CHALLAMEL, Éditeur

Rue Jacob, 17

Librairie maritime et coloniale.

1911

LA QUESTION FONCIÈRE ET L'ORGANISATION DU LIVRE FONCIER EN AFRIQUE OCCIDENTALE FRANÇAISE

(Conférence faite à Bruxelles le 18 octobre 1910.)

Messieurs,

Le développement considérable qu'ont pris les possessions de la France dans l'Ouest africain, au cours de la seconde moitié et plus particulièrement pendant les quinze dernières années du XIXe siècle, a eu pour effet de placer notre Administration en face d'une série de questions nouvelles, qu'elle avait ignorées jusque-là, non pas que ces questions fussent vraiment négligeables, mais parce qu'elles ne présentaient, en réalité, qu'un intérêt secondaire. Parmi elles, l'une des plus délicates et des plus complexes, — car ce n'est que tout récemment qu'elle a pu recevoir une solution, — était la question foncière.

C'est des données de ce grave problème et des efforts tentés pour le résoudre que j'ai reçu mission de vous entretenir.

*
* *

Voyons tout d'abord ce qu'est la « question foncière » et, puisque je viens d'employer, à ce sujet, le mot de « problème », comment convient-il de formuler l'énoncé de ce problème ?

Lorsqu'un peuple colonisateur assume la tâche d'ouvrir à la civilisation une région demeurée, jusqu'au jour où son intervention se produit, aux mains de peuplades à demi-sauvages, l'équité la plus élémentaire ou même, à défaut de ce sentiment, le simple souci de sa propre sécurité exige de lui qu'il mette tout en œuvre pour concilier, avec ses principes politiques et ses procédés administratifs, les droits et prérogatives qu'ont incontestablement acquis, sur le sol du pays, les tribus autochtones.

Dans cet ordre d'idées, lorsque, pour préparer la mise en valeur de la nouvelle colonie, l'Administration voudra ouvrir des voies d'accès et de pénétration : ports, routes, chemins de fer ; créer des établissements d'étude : stations agricoles ou forestières, jardins d'essai, ou édifier les bâtiments et ouvrages destinés à sa défense ou nécessaires à l'installation de ses services, il lui faudra tout d'abord rechercher par quel moyen et dans quelle limite il lui sera loisible d'occuper les parcelles de terrain destinées à recevoir ces divers travaux.

Puis, lorsque les voies auront été ouvertes et que colons et commerçants commenceront à affluer, en vue d'apporter à l'œuvre entreprise le concours de leur activité et de leur initiative, il faudra encore que cette même Administration prenne ses dispositions pour que les nouveaux venus trouvent place dans le pays et que, dans les transactions qu'ils seront éventuellement appelés à passer avec les habitants, acquéreurs ni vendeurs ne subissent aucun préjudice, ceux-ci n'aliénant qu'en parfaite connaissance de cause, ceux-là n'achetant qu'avec la garantie la plus entière.

En résumé, la question foncière, aux colonies, comporte essentiellement :

Comme point de départ, l'étude et la détermination des droits de toute nature exercés de longue date sur le sol par les populations indigènes ;

En second lieu, la fixation de ceux de ces droits qui, intéressant la masse des habitants, sans distinction d'origine, revêtent le caractère de droits domaniaux et doivent être remis, du jour de l'annexion, à l'autorité nouvelle, devenue gardienne et gestionnaire du domaine ;

Puis, pour terminer, l'adoption de mesures susceptibles de garantir aux natifs le maintien de leurs droits et prérogatives, d'ouvrir aux immigrants la faculté de posséder eux-mêmes des biens et droits équivalents, enfin d'assurer à tous le libre exercice des droits et avantages résultant des situations acquises.

Ce simple énoncé des multiples aspects de la question foncière permet de comprendre toute son importance et explique comment on a pu dire qu'elle constituait « l'un des pivots de la question coloniale elle-même ».

Et maintenant, je vais essayer de vous faire suivre la marche des événements qui déterminèrent progressivement l'administration des Colonies de l'Afrique occidentale française à porter son attention sur ce sujet, en indiquant de quelle manière, suivant les époques, elle l'a envisagé et traité.

*
* *

Cette question, ai-je dit en débutant, avait, comme un certain nombre d'autres, paru tout d'abord négligeable.

Cela s'explique, d'ailleurs, aisément. Pendant longtemps, nos établissements du Sénégal ne furent constitués, au point de vue territorial, que par des lots de terrain de faible étendue, acquis en pleine propriété des Chefs indigènes des régions choisies pour une installation à demeure : les premiers comptoirs eux-mêmes, fondés par les Compagnies coloniales à Saint-Louis et à Gorée, n'avaient pas une autre origine.

Tous ces territoires minuscules entraient, pour la totalité, dans le domaine privé de la France et on conçoit sans peine que ce n'est pas sur un champ aussi limité qu'auraient pu s'élever de bien graves conflits d'intérêts. Dès que l'administration avait fait choix des emplacements nécessaires à ses besoins, elle rétrocédait les parcelles libres aux traitants, pour l'installation de leurs opérations. Dans ces conditions, aucune difficulté ne pouvait surgir à l'occasion de la constitution du domaine ou de l'attribution de droits réels à des particuliers.

Le législateur colonial n'eut donc, en cette matière et pendant de longues années, que fort peu d'occasions d'intervenir.

D'une façon générale, d'ailleurs, son action, lors de la restitution des établissements du Sénégal à la France, en 1817, s'était bornée à introduire dans la colonie le régime déjà appliqué aux Antilles et à la Réunion ; sans même tenir compte de la différence d'origine des habitants, il avait simplement imposé à l'ensemble de la population et au pays lui-même une organisation à peu près identique à celle de la métropole ; et c'est ainsi que, en matière immobilière, un Règlement, nécessité par un Arrêté local du 4 juin 1819 et daté lui-même du 18 mars 1820, organisa, à titre provisoire, un bureau de Conservation des hypothèques à Saint-Louis. Dix ans plus tard, l'acte, — un Arrêté local également, portant la date du 5 novembre 1830, — qui déclara le Code civil applicable, avec de très légères modifications, à Saint-Louis et à Gorée, étendit implicitement à tous les biens immobiliers de ces deux comptoirs le régime issu des lois révolutionnaires.

Et ce fut tout ou à peu près.

Il ne faudrait pas cependant négliger de rappeler un événement qui donna au Gouvernement de la Restauration l'occasion d'entamer l'étude de la question foncière.

En 1819, le Gouverneur Schmaltz passa avec le Brak du Oualo un Traité en vertu duquel ce chef cédait aux Français les terres qui leur paraîtraient convenables pour y fonder des établissements. Or, bien que cette cession eût été consentie moyennant des « coutumes » stipulées exclusivement en faveur du Souverain, dans l'Arrêté pris, en 1822, par le Gouverneur seul, pour la réglementation du mode d'attribution des concessions du Oualo, il fut prévu que, s'il se trouvait, sur les terrains concédés, des champs cultivés par les indigènes, ceux-ci auraient droit, pour les défrichements qu'ils auraient faits, à une indemnité annuelle. La création, au profit de simples possesseurs, de cette sorte de rente perpétuelle constituait évidemment une lourde charge pour le colon et pour la propriété elle-même et, sans doute, une indemnité globale une fois payée eût été préférable ; mais il est intéressant d'observer que, dès cette première prise de contact avec l'élément indigène, le représentant de la France avait su, sans y être astreint par aucune clause du Traité, marquer le respect du droit de l'occupant sur une terre à la propriété de laquelle, cependant, il était sans qualité pour prétendre.

*
* *

La situation ne se modifia guère jusqu'au moment où le Colonel Faidherbe, nommé Gouverneur du Sénégal, commença l'application de son plan de pénétration vers le haut-fleuve et, de là, vers la vallée du Niger.

Déjà, en 1857, l'occupation effective de la presqu'île du Cap Vert, qui appartenait à la France depuis près d'un siècle, avait été décidée et réalisée ; dans les années qui suivirent, d'autres territoires situés le long du fleuve Sénégal furent successivement conquis et annexés à la Colonie ; en Casamance même et dans les Rivières du Sud, de nouveaux établissements furent créés.

Or le grand colonisateur qu'était Faidherbe et les esprits éclairés dont il était entouré : les Pinet-Laprade, les Carrère, les Flize, s'étaient rendu compte que notre législation métropolitaine n'était pas suffisante pour régler les situations nouvelles, nées de l'extension de notre autorité sur la terre d'Afrique.

Une première erreur, celle que l'on avait commise en privant toute la population noire de Saint-Louis de son statut personnel, fut tout d'abord corrigée par le Décret du 20 mai 1857, qui restitua à un Tribunal musulman la connaissance des questions d'état et de successions concernant les indigènes ; puis on s'attaqua à une seconde erreur, non moins grave, qui consistait à vouloir résoudre, à l'aide du Code civil français, toutes les questions soulevées par la possession de la terre dans des pays différant totalement de la mère-patrie : la révision de la législation concernant la propriété immobilière dans la Colonie allait être tentée à son tour.

Les idées qui dominent la conception du Gouverneur Faidherbe, en ce qui touche la question foncière, se trouvent exprimées, résumées, dans le préambule de deux Arrêtés locaux des 28 février 1862 et 11 mars 1865 :

« Considérant », lit-on dans le premier, « que, pour les pays « annexés à la Colonie dans ces dernières années, le domaine étant « aux droits des anciens Chefs, *lesquels étaient seuls dispensateurs* « *de la terre*, il doit être interdit à tout indigène d'aliéner le sol « *dont il ne jouit qu'à titre précaire...* »

« Considérant », porte le second, « que les indigènes qui pos- « sèdent aujourd'hui sous le régime de la coutume locale dans les pays « annexés n'ont aucun titre régulier de propriété et qu'il convient, « *pour favoriser l'établissement de la propriété individuelle dans la* « *Colonie*, de leur donner les moyens de régulariser leur possession... »

Toute controverse serait superflue et la thèse soutenue apparaît avec une clarté remarquable :

La France, succédant aux anciens Chefs, a vu entrer dans son domaine, en pleine propriété, le sol des territoires nouvellement annexés ;

Les indigènes, possesseurs de ce sol, n'en jouissent qu'à titre précaire et n'ont aucun droit de disposition sur les parcelles occupées ;

Mais cette situation appelle une réforme : il convient de favoriser l'établissement de la propriété privée et, à cet effet, de donner aux indigènes, simples possesseurs, la qualité de propriétaires, par la délivrance de titres de concessions.

Par application de ces principes, interdiction était faite, par l'Arrêté du 28 février 1862, à tout indigène, sous peine d'exclusion de la Colonie (cette sanction était empruntée à la coutume même), de vendre la terre dont il avait la possession ; toutefois, cette règle admettait un correctif : en vertu de l'Arrêté du 11 mars 1865, le possesseur précaire pouvait solliciter de l'Administration la concession des parcelles occupées et acquérir par ce moyen, avec la qualité de propriétaire, le droit d'aliéner lesdites parcelles à son gré et suivant ses besoins.

Malheureusement cette première solution de la question foncière, si sagement préparée, ne put être appliquée. Le pouvoir central professait alors une doctrine tout à fait opposée à celle du Gouvernement local, tant sur la situation elle-même que sur les modifications à y apporter et il refusa formellement d'approuver l'Arrêté de 1862. S'appuyant sur ce que le Décret du 20 mai 1857 n'avait restitué que partiellement le statut personnel aux indigènes et que le Code civil conservait, en conséquence, toute sa force à leur égard, en ce qui touche les contrats et obligations, le Ministre fit connaître qu'il considérait comme illégale l'interdiction d'aliéner dont se voyaient frappés les indigènes et qu'il proscrivait surtout la sanction excessive prononcée par l'Arrêté critiqué ; il estimait, d'ailleurs, que le moment n'était pas encore venu de songer à la constitution de la propriété individuelle au profit des cultivateurs, une semblable opération étant de nature à porter un coup sensible à la fortune des Chefs. Enfin l'Empereur lui-même avait manifesté son intention très nette de laisser les indigènes maîtres de la terre dans nos colonies, sauf à déterminer, par le procédé du cantonnement, les territoires que l'État désirait se réserver en vue du développement de la colonisation. C'est dans ce sens que, par deux dépêches des 10 et 22 juin 1862, l'Administration locale fut invitée à diriger ses études, pour une révision de l'Arrêté du 28 février précédent.

Ces instructions allaient tellement à l'encontre du programme que s'était tracé le Gouverneur Faidherbe qu'elles ne furent suivies d'aucune proposition nouvelle et que quatorze mois s'écoulèrent avant même qu'un Arrêté rectificatif fût pris (il porte la date du 10 août 1863), pour rapporter celui qui avait provoqué le conflit.

Il est à croire que le projet de constitution de la propriété indigène par voie de concessions administratives, tel que le réglait, un peu plus tard, l'Arrêté du 11 mars 1865, subit en haut lieu, pour les mêmes motifs, le même sort que celui du 28 février 1862 ; car ce n'est qu'après la chute de l'Empire que cet acte fut promulgué et publié au Bulletin administratif de la Colonie, où il figure en tête des actes de l'année 1871. On ne saurait s'étonner dès lors que cet Arrêté ne soit point, en son temps, entré en application : faute de promulgation, il demeura lettre morte pendant les dernières années du Gouvernement du Général Faidherbe ; il est donc inutile de chercher, comme on l'a fait parfois, d'autres causes à son insuccès.

Entre temps, le Département avait pourvu, sur l'initiative assurément du Gouvernement local, à la régularisation du service hypothécaire : les Décrets des 28 novembre 1861 et 28 août 1862 avaient successivement décidé la création de deux bureaux de Conservation à Saint-Louis et à Gorée et rendu applicables dans la Colonie des dispositions identiques à celles de la loi du 23 mars 1855, sur la transcription des actes translatifs de propriété immobilière.

On doit déplorer d'autant plus l'échec du programme du Général Faidherbe que les incertitudes et les contradictions que l'on relève dès cette époque dans les actes de l'Administration furent, en quelque sorte, la cause première de la confusion et de l'obscurité par quoi la question des « terrains de Dakar » va devenir, pendant une période de près de cinquante ans et jusqu'à ces toutes dernières années, un des exemples classiques des difficultés que peut entraîner, aux colonies, la méconnaissance du problème foncier.

*
* *

Après l'annulation de l'Arrêté du 28 février 1862, l'Administration n'était guère plus en mesure de s'opposer, d'une manière efficace, aux nombreuses aliénations de terrains consenties par des indigènes dépourvus de titres : cette sorte de contrats, n'étant plus prohibée, devenait licite. Les vendeurs ne fournissaient, il est vrai, comme justification de leurs prétendus droits, que des actes de notoriété dressés, sur la déclaration de témoins complaisants, par des officiers ministériels, « dont le devoir strict eût été », suivant l'expression d'un Magistrat, « de rejeter ces actes informes, sans force « probante » ; mais les acquéreurs, attachant — à tort — à l'Arrêté du 10 août 1863 le caractère de reconnaissance de la propriété indigène, déclaraient invariablement tenir les titres produits pour suffisants.

Le rôle du Gouvernement local devenait difficile.

Sans doute, il aurait voulu résister au courant qui l'entraînait ;

*

mais il hésitait à le faire et le changement de régime politique ne devait même lui apporter, à cet égard, aucun encouragement. La politique coloniale de la troisième République, à ses débuts, était assez incertaine, avec plutôt une tendance à revenir au système de l'assimilation. La thèse défendue par le Gouverneur Faidherbe risquait donc de se heurter encore à l'opposition du Gouvernement métropolitain ; aussi la défense des droits du domaine ne fut-elle tentée que dans les cas où des conventions privées visaient des terrains déjà occupés par l'Administration ou affectés à ses services. Sans grand succès du reste : les procès les meilleurs, mal engagés, mal défendus, aboutissaient invariablement à des transactions, qui ne faisaient qu'accentuer chaque fois l'abandon des droits du domaine.

Quelques années plus tard, cependant, la création du Sous-secrétariat d'État des Colonies détermina une modification dans l'attitude du pouvoir central et dans sa manière d'envisager et de traiter les questions coloniales. Vers cette même époque, par une heureuse coïncidence, les prétentions excessives élevées par les propriétaires expropriés, à l'occasion de la construction du chemin de fer de Dakar à Saint-Louis, firent apparaître enfin les graves inconvénients des retards apportés au règlement de la question foncière.

L'étude en fut donc reprise.

Un avis du Comité consultatif du contentieux de la Marine et des Colonies, en date du 28 juin 1884, provoqué précisément par l'affaire des expropriations de Dakar, avait déclaré en termes formels que « l'État est fondé, en principe, à revendiquer la pleine propriété « des terrains de Dakar dont il n'a pas disposé par concession ou qui « n'ont pas été acquis à des tiers par prescription » ; la même assemblée, engageait toutefois l'Administration à respecter, tout irrégulières qu'elles fussent, « les aliénations consenties de bonne foi par des « particuliers ».

C'est sur la base de ces deux propositions que le Gouvernement local décida de tenter un nouvel effort en vue de mettre fin à une situation chaque jour plus désastreuse pour le domaine. Par deux Arrêtés des 15 août et 7 septembre 1889, le Gouverneur Clément Thomas, reprenant à son compte, dans une certaine mesure, l'idée qui avait présidé à l'élaboration de l'Arrêté du 28 février 1862, subordonna, pour l'avenir, la régularité de toute aliénation consentie par un indigène à l'approbation de l'Administration. En même temps, il nommait une commission chargée de s'enquérir de la situation exacte des propriétés constituées dans l'étendue de la ville de Dakar et de préparer le projet d'un Décret réglant définitivement la question.

Malheureusement, cette fois encore, le résultat cherché ne put être atteint : le projet de Décret, transmis à Paris en 1891, donna lieu, de la part du Conseil d'État, à une série d'observations formulées dans un avis du 4 mai 1892 ; mais, dans l'intervalle, la direction de la Colonie était passée en d'autres mains : la persévérance manqua à l'Administration locale pour apporter à son œuvre les retouches exigées et un Arrêté du 16 juillet 1892 rapporta purement et simplement ceux de 1889. Dès lors, le contrôle si nécessaire sur les actes de vente passés par les indigènes ayant cessé de s'exercer, les opérations immobilières reprirent une activité nouvelle et les droits du domaine furent, une fois de plus, laissés à la merci de spéculateurs éhontés.

J'ai insisté un peu longuement sur la question des terrains de Dakar et j'aurai, dans un instant, à revenir encore sur la question de la propriété du sol au Cayor et dans la presqu'île du Cap Vert ; c'est, en effet, dans cette partie de l'Ouest africain que la crise a été le plus grave. Il est cependant à remarquer que les mêmes causes ont amené un peu partout les mêmes résultats : l'application de la législation du Sénégal, et notamment du Code civil, au Dahomey, par exemple, a permis aux habitants de cette Colonie, — poussés, cela va sans dire, par les spéculateurs, — de vendre d'assez nombreuses parcelles de terrain dans les centres urbains, alors, non seulement, que leur droit de propriété n'était pas établi, mais que, bien au contraire, la coutume locale interdisait formellement toute aliénation au profit d'étrangers.

On voit, en somme, combien il est regrettable, pour toutes nos Colonies de l'Afrique occidentale, que la question foncière n'ait pas reçu plus tôt, au Sénégal, une solution dont le bénéfice leur eût été naturellement acquis, dès leur accession à une existence indépendante.

*
* *

Cependant, à mesure que se développait l'empire colonial de la France, les difficultés rencontrées dans la préparation d'entreprises de colonisation contrariées par les prétentions des populations indigènes, aussi bien à Madagascar ou en Indochine qu'au Congo ou en Afrique occidentale, avaient fait apercevoir enfin toute l'importance du problème foncier ; mais on pensa qu'il était facile de se libérer de ces préoccupations au moyen d'actes législatifs et successivement on vit paraître des Décrets constituant le domaine public, déterminant le mode de gestion des terres domaniales ou établissant le régime applicable à la propriété foncière, en Nouvelle-Calédonie, à Madagascar, à la Guyane, au Congo français, au Sénégal, à la Côte d'Ivoire, au Dahomey, en Guinée française, aux Iles Marquises, etc.

Je ne veux m'occuper, naturellement, que de ceux de ces textes qui intéressent l'Afrique occidentale française.

Pour chacune des quatre Colonies alors existantes, — le Haut-Sénégal et Niger ne devait former une cinquième Colonie distincte qu'à partir de 1905, — quatre Décrets simultanément pris formulaient les règles applicables : 1° au domaine public ; 2° au domaine forestier ; 3° aux terres domaniales ; 4° à la propriété foncière immatriculée. Datés, pour le Sénégal, du 20 juillet 1900, pour la Côte d'Ivoire, du même jour, pour le Dahomey, du 5 août suivant, enfin, pour la Guinée française, du 24 mars 1901, ils étaient à peu près littéralement copiés sur des textes analogues, rédigés, un an plus tôt, pour la Colonie du Congo français.

Ils présentaient certainement, pour les Colonies de l'Afrique occidentale française, de réels avantages.

Les Décrets sur le domaine public, par exemple, comblaient une lacune dont on ne paraissait jamais avoir eu souci antérieurement : au Sénégal, aussi bien que dans les Colonies du Sud, on tenait pour acquises certaines notions courantes concernant la domanialité des cours d'eau, des rivages de la mer, de la zone des pas géométriques même, sans cependant qu'aucun texte eût jamais statué en pareille matière, ne fût-ce que pour donner force légale aux principes fondamentaux, tels que ceux d'inaliénabilité et d'imprescriptibilité qui protègent les biens du domaine public.

Les Décrets sur le régime des terres domaniales posaient encore certaines règles très intéressantes, — mais dans un esprit peut-être un peu rétrograde, — concernant les distinctions à faire entre les régions annexées par voie de conquête et les territoires simplement protégés.

Enfin les Décrets organisant le nouveau régime de la propriété

foncière établissaient une distinction que l'on avait eu le tort de
ne pas faire beaucoup plus tôt, en décidant que « les biens appar-
« tenant aux indigènes sont régis par les coutumes et usages locaux,
« pour tout ce qui concerne leur acquisition, leur conservation et leur
« transmission ».

Mais, à côté de ces qualités, ils présentaient d'assez graves défauts,
à raison desquels, ils n'avaient reçu, quatre ans après leur promulgation, qu'une application tout à fait restreinte, presque nulle.
On s'était, en effet, aperçu assez rapidement que certaines de leurs
prescriptions, notamment celles relatives à l'exercice, par les Chefs
des territoires réputés protégés, des droits des collectivités placées
sous leur autorité, n'étaient plus compatibles avec le développement
de l'organisation administrative ou simplement n'étaient pas d'une
exécution pratique. Aussi une refonte des textes concernant le
domaine public et les terres domaniales avait-elle été presque immédiatement décidée et réalisée.

Le nouvel acte qui en fut la conséquence, le Décret du 23 octobre
1904, apporte, en effet, à la législation antérieure des améliorations
indiscutables. La plus importante consiste dans la suppression, par
simple prétérition, du compte spécial de colonisation qu'avaient institué les Décrets de 1900 et 1901, les ressources destinées à alimen-
ter ce compte ne pouvant suffire à couvrir les dépenses mises à
sa charge. Il faut citer encore la très heureuse innovation consacrée
par l'art. 12 de l'acte modificatif, lequel prévoit qu'aucune location
ou aliénation de terres « formant la propriété collective des indi-
« gènes ou détenues par les Chefs indigènes comme représentants
« des collectivités indigènes » ne pourra avoir lieu sans l'approbation
du Gouverneur, donnée par arrêté en Conseil d'administration.

Il faut remarquer cependant que cette dernière disposition qui
s'applique à des terrains possédés à titre privé, — tout à fait dis-
tincts, par conséquent, des « terres vacantes et sans maître », seules
classées dans le domaine de l'État, — n'est pas à sa place dans le
Décret organique du domaine et qu'elle eût dû faire l'objet d'un acte
indépendant ou, tout au moins, d'un titre particulier de celui dans
lequel elle a été insérée.

*
* *

C'est à ce moment, c'est-à-dire vers la fin de l'année 1904, que
fut créé, dans les services du Gouvernement général, à Dakar, un

bureau spécial chargé de la préparation des actes et de l'étude des affaires concernant le domaine et la propriété foncière.

Le premier soin du nouvel organe fut de dresser le bilan de la situation afin de déterminer exactement la nature et l'importance de l'œuvre à entreprendre. Cette étude préalable ne tarda pas à faire apparaître les résultats du trop long état d'abandon dans lequel avait été laissée, — et dans lequel demeurait encore, à certains égards, — la question foncière.

En ce qui concerne la constatation des règles coutumières en matière de tenure du sol, le travail avait bien été préparé, en quelque sorte, d'abord par les consciencieuses études faites par le Général Faidherbe lui-même et ses collaborateurs, le Colonel Pinet-Laprade, le Président Carrère, le Capitaine Flize, puis quelques années plus tard, par les rapports des Magistrats Chambaud et Pierret, enfin par les ouvrages récents de MM. Clozel, Roger-Villamur, Fonssagrives, Delafosse. Mais l'Administration avait totalement négligé de tirer parti de ces précieux éléments et c'est ce qui explique les variations qui se sont produites dans son attitude, au Sénégal, principalement. Je les ai signalées et n'y reviendrai pas : je rappellerai seulement que, dans cette Colonie, depuis le 16 juillet 1892, les ventes d'immeubles se réalisaient couramment entre indigènes et européens, sans le moindre contrôle administratif.

En ce qui concerne la constitution du domaine, évidemment un texte existait : le Décret du 23 octobre 1904, mais il était encore bien incomplet. Dans son Titre premier : *Domaine public*, il reproduit, sans grand changement, les dispositions du Décret congolais du 8 février 1899 et présente, en conséquence, les mêmes lacunes, ne fixant ni la dévolution des biens de cette nature, ni les limites des terrains y incorporés, ni les servitudes qui grèvent les fonds limitrophes ; dans le Titre II : *Terres domaniales*, il ne fait aucune mention des biens autres que les terres vacantes et sans maître, laisse dans l'ombre la question des domaines coloniaux et communaux et omet de statuer sur les règles et modes d'affectation et de désaffectation des immeubles domaniaux aux services publics.

Enfin, en ce qui concerne le régime applicable à la propriété immobilière, on avait négligé d'établir l'accord indispensable entre les systèmes de conservation des droits réels successivement institués. Les Décrets de 1900 et 1901, auxquels j'ai reconnu, il y a un instant, le mérite d'avoir consacré par un texte l'existence d'un statut spécial applicable aux biens des indigènes, ont eu, par contre, le défaut capital, n'ayant pas déterminé les conditions de passage des immeubles d'un statut à l'autre, d'élever entre les trois régimes fonciers existants : régime coutumier, régime hypothécaire et régime des livres fonciers, des sortes de cloisons étanches, interdisant absolument toute unification future et tout progrès.

La tâche était, on le voit, loin d'être achevée.

Il ne suffisait pas d'avoir étudié la coutume indigène ; d'avoir. — sans essayer, d'ailleurs, de concilier les intérêts privés révélés par cette étude avec l'intérêt général, — formulé les principes applicables aux immeubles à incorporer au domaine : d'avoir enfin créé, à quelque quarante ans d'intervalle, deux procédés différents de publicité pour la conservation des droits réels acquis par les non-indigènes ; ce qu'il aurait fallu encore, — ce qui restait à faire, — c'était terminer cette ébauche, vivifier cette organisation, en faisant, en premier lieu, sanctionner par le pouvoir législatif ou judiciaire les règles coutumières dont l'existence avait été reconnue, en facilitant, de cette façon, la libération des terres à incorporer au domaine; en permettant ensuite à l'indigène, par une confirmation de ses droits et, au besoin, par l'attribution de droits nouveaux, de tirer de son patrimoine toute l'utilité possible, par la réalisation de transactions avec les colons ; en assurant enfin, par ces divers moyens, l'unification ultérieure du régime foncier.

C'est à combler ces lacunes que l'Inspection des Domaines du Gouvernement général s'attacha sans retard. Voici selon quelle méthode.

Une première question se posait : *Comment convenait-il de faire sanctionner les règles coutumières indigènes ?*

Deux voies étaient ouvertes :

Ou faire préparer des codifications des diverses coutumes et leur donner, par un acte exprès, force de loi ;

Ou bien demander aux Tribunaux, à l'occasion de litiges pendants, l'appréciation des droits des parties en présence.

C'est ce dernier procédé qui fut jugé préférable, le système des codifications présentant l'inconvénient grave de donner à la coutume traditionnelle, — susceptible, tant qu'elle conserve ce caractère, de se modifier au fur et à mesure des progrès réalisés, — la fixité de la loi écrite, stricte et immuable.

Une première application en fut promptement faite, à l'occasion de deux procès intéressant des immeubles situés, les uns aux environs de Rufisque, dans l'ancien royaume du Cayor, les autres à Dakar même, dans la presqu'île du Cap Vert. Les débats mettaient aux prises, dans les deux cas, deux groupes de compétiteurs indigènes ; l'Administration intervint en tiers, à l'effet de faire reconnaître, d'une part, que l'État français, successeur du Damel du Cayor, était apte à revendiquer, en cette qualité, aussi bien sur les territoires acquis par des conventions régulières (comme la presqu'île du Cap Vert) que sur ceux tombés en son pouvoir par l'effet de la conquête (comme la région de Rufisque), tous les droits ayant appartenu au Souverain lui-même ; d'autre part, que les occupants indigènes n'avaient, sur les parcelles par eux mises en valeur, qu'un droit de jouissance précaire, révocable à toute époque. Cette thèse fut confirmée intégralement, par la Cour d'appel de Dakar, dans deux arrêts des 8 février et 1er mars 1907.

Ces décisions ont été commentées et discutées avec passion et on a essayé de leur opposer un jugement rendu en sens contraire, le 3 mars 1908, par le Tribunal de Saint-Louis, jugement d'ailleurs réformé en appel. Je ne crois pas nécessaire de rapporter les arguments invoqués pour combattre les motifs des arrêts critiqués et d'en montrer la faiblesse juridique ; au surplus, la doctrine sanctionnée par la Cour d'appel de l'Afrique occidentale a recueilli l'adhésion d'éminents juristes et notamment celle d'un maître en la matière, M. Arthur Girault, qui l'a approuvée sans réserve dans une note placée à la suite des arrêts de 1907 au Recueil Sirey.

Je dois, d'ailleurs, ajouter que, si l'Administration a tenu à faire triompher son droit, ce n'est pas en vue de déposséder l'indigène et d'exercer à son encontre le pouvoir de révocation *ad nutum* dont jouissait le Damel ; son but, on le verra tout à l'heure, était uniquement de préparer la constitution de la propriété privée et, en subordonnant cette réforme à l'abandon du droit reconnu au domaine, de pouvoir en suivre et même en diriger la marche.

Mais alors intervenait une seconde question : *La propriété, telle qu'elle est définie par le Code civil, étant encore inconnue et échappant même à la conception de la généralité des indigènes de l'Afrique occidentale,* — cette proposition est admise sans discussion par tous les auteurs, — *était-il bien nécessaire d'en répandre la notion et d'en préparer l'avènement dans le pays ?*

Il est entendu que le Code civil est exécutoire au Sénégal depuis 1830 et que son application a été étendue aux autres Colonies du groupe, en vertu de textes impératifs ; mais, si les dispositions relatives à l'exercice du *droit de propriété* sont ainsi légalement en vigueur dans toute l'étendue des territoires relevant du Gouvernement général, il est cependant certain qu'elles ne peuvent recevoir leur application que sur les biens à l'égard desquels préexiste, au profit de personnes privées, le rapport défini par la loi sous le nom de *droit de propriété*, sans que la promulgation du Code civil ait eu le pouvoir de faire naître ce rapport là où il n'existait pas. Les propriétés privées constituaient donc, à l'époque indiquée, dans les Colonies en cause et en proportion de leur superficie totale, une fraction peu importante, de telle sorte que l'Administration pouvait se demander si son intérêt ne lui commandait pas, plutôt que de pousser à la constitution de propriétés nouvelles, de proclamer, au contraire, la nationalisation du sol.

On sait que nombre d'économistes, appartenant à des écoles de tendances opposées, considèrent la nationalisation du sol comme l'aboutissement normal de l'évolution de la propriété foncière et que, si, pour la plupart d'entre eux, la nécessité de racheter les droits existants paraît constituer un obstacle insurmontable à ce que ce dernier pas soit franchi dans les pays civilisés, tous à peu près sont d'accord pour reconnaître que la réforme pourrait être appliquée sans grande difficulté dans les pays neufs, en laissant ainsi au corps social entier le bénéfice de la plus-value que doit donner à la terre le travail des générations successives.

Il n'a pas paru cependant, sinon possible, du moins opportun de tenter l'essai en Afrique occidentale française ; d'une part, en effet, le rachat des propriétés déjà constituées, encore qu'elles soient relativement peu nombreuses et ne représentent, à l'heure actuelle, au point de vue de leurs dimensions cumulées, qu'une portion infime du territoire, exigerait néanmoins du Trésor un sacrifice d'autant plus considérable que ces propriétés se trouvent situées presque uniquement dans les centres urbains et que les ressources financières des Colonies sont restreintes ; d'autre part, et malgré que le système foncier coutumier présente, avec le communisme d'État, des rapports assez remarquables, il serait sans doute imprudent de faire franchir sans arrêt, par la population indigène, l'étape normale de la propriété privée, individuelle et transmissible ; car, par les avantages matériels que cette dernière offre au travailleur, elle constitue un puissant élément de progrès social, en attachant l'habitant au sol, en le fixant dans le pays.

Ce point résolu, *dans quel délai convenait-il de provoquer la transformation de la tenure foncière indigène en propriété définitive et incommutable ?*

A cet égard, le choix était possible entre deux systèmes :

On pouvait, par un acte général, imité du Sénatus-consulte visant l'Algérie, du 22 avril 1863, déclarer que « les tribus seraient, à « l'avenir, propriétaires des territoires dont elles ont la jouissance « permanente et traditionnelle » et décider qu' « il serait procédé « administrativement à la délimitation des territoires des tribus, à « leur répartition entre les villages », enfin « à l'établissement de « la propriété entre les membres des villages ».

On pouvait, au contraire, laisser le temps et l'expérience faire leur œuvre, maintenir en vigueur la coutume locale pour toutes les terres occupées par les indigènes, ne pas hésiter même à tolérer, le cas échéant, la création, conformément à cette coutume, de droits nouveaux sur les terres vacantes dont le domaine n'aurait pas encore fait emploi et mettre en même temps les occupants en mesure d'obtenir, lorsqu'ils le jugeraient profitable à leurs intérêts, — et à ce moment seulement, — la consolidation de leurs droits.

Les deux systèmes ont leurs partisans et l'on a parfois fait grief au Gouvernement général de l'Afrique occidentale française de n'avoir pas eu recours au premier.

Il a évidemment, ce premier système, une allure de générosité qui, dès l'abord, séduit et flatte l'opinion : le geste de l'Empereur Napoléon III répudiant, dans sa lettre fameuse au Maréchal Pélissier, « les droits du grand Turc » sur le sol algérien eut — et a encore, auprès de certains esprits, — un succès indiscutable. Mais il faut bien reconnaître que, pratiquement, le résultat de cet abandon prématuré fut désastreux pour l'Algérie et sans avantage pour la population arabe ; malgré trois révisions du Sénatus-consulte de 1863, en 1873, 1887 et 1897, le système préconisé par l'Empereur n'a pas donné les résultats que l'on avait espérés : la constitution de la propriété foncière, qui devait être réalisée à bref délai et pour toujours, est encore bien loin d'être achevée, malgré l'énormité des dépenses engagées, et, même dans les tribus où elle a eu lieu, l'indivision ancienne n'a pas tardé à reparaître. Aussi a-t-on pu entendre, dans un discours récent, le Gouverneur général de l'Algérie exprimer le vœu qu'un vote du Parlement vienne instituer enfin, dans la Colonie, le régime des livres fonciers.

L'autre système tend, au contraire, à ne pas brusquer les choses ; la constitution de la propriété privée parmi les indigènes est une œuvre de longue haleine, qui doit se faire tout naturellement, lorsque la mentalité de la population, par l'effet d'un contact prolongé avec l'élément européen, se sera modifiée au point de rendre acceptables les notions relatives à la nature de ce droit et à sa valeur, soit comme objet d'échange, soit comme instrument de crédit.

« L'État », a dit M. le Professeur G. K. Anton, Membre de l'Institut colonial international, dans la Session tenue par cette Compagnie à la Haye, en 1901, « l'État ne doit pas imposer la « propriété, la constituer d'office. Le jour où les indigènes seront « assez développés, assez avancés dans leur état économique, la « transformation se fera d'elle-même, si on donne aux indigènes la « faculté de le faire. »

A l'argument capital tiré de cette considération toute théorique viennent, d'ailleurs, s'en ajouter d'autres, basés sur les avantages que présente, au point de vue pratique, le procédé de constitution progressive de la propriété foncière.

Ce procédé évite, d'une part, grâce au maintien des règles coutumières, que l'indigène devenu trop tôt propriétaire ne soit tenté de dilapider imprudemment son patrimoine ; de l'autre, il permet à l'Administration, en échelonnant sur une longue période de temps le travail d'établissement du Livre foncier, de supporter sans effort la charge excessive que représenterait la confection immédiate du cadastre, complément nécessaire du Livre foncier.

Toutes ces raisons ont décidé du choix du Gouvernement général.

La réforme devant ainsi s'accomplir par voie de progression lente, en s'étendant successivement à chacune des parcelles occupées, il fallait déterminer le mode de constatation de la conversion opérée.

Si l'on tient compte de ce fait que, en thèse générale, sous l'empire de la coutume, les éléments constitutifs du droit de propriété immobilière sont répartis entre le Souverain, d'un côté, et les détenteurs de parcelles, de l'autre, — ce que là Cour de Dakar a reconnu spécialement pour le Cayor, — on conçoit que la conversion du droit de l'occupant précaire en droit de propriété implique le transfert sur sa tête de la part de ce droit qui revenait à l'État, ayant-cause du Souverain indigène. En d'autres termes, pour que là constitution de la propriété puisse avoir lieu, dans les conditions proposées, il faut que l'État fasse abandon, au profit des candidats à la propriété, des droits et prérogatives que les traités ou la conquête lui ont conférés.

Dans quelle forme se fera cet abandon ?

J'ai indiqué que, dans son Arrêté du 11 mars 1865, le Gouverneur Faidherbe avait envisagé la possibilité de constituer là propriété privée en concédant aux occupants indigènes, par actes administratifs, les parcelles cultivées par chacun d'eux. Devait-on revenir à ce procédé ?

Ce n'était vraisemblablement pas le meilleur. La concession administrative est, par nature, un acte gracieux : c'est une faveur, qui peut être accordée, mais qui peut être aussi refusée. Or il est évident que l'une des conditions premières, pour assurer le succès de la réforme projetée, était que l'indigène, — à l'initiative de qui on entendait laisser le soin de réclamer la modification de sa situation, — fût, au moment voulu, en état d'exciper, non d'une simple faculté, mais d'un droit. Il fallait que le dessaisissement du domaine ne pût être différé et, pour cela, qu'il résultât d'un texte impératif. Mais il était aussi nécessaire, pour éviter toute surprise, que l'autorité chargée d'assurer la conversion du droit invoqué par l'indigène pût, au préalable, acquérir la certitude que ce droit, basé sur la coutume, existait réellement et n'était contredit, ni primé, par aucun autre droit de même origine, appartenant à l'un quelconque des membres du même groupement : tribu, village ou famille ; une enquête minutieuse, exécutée dans des formes tracées par un texte précis, pouvait seule procurer cette certitude.

Dès lors, il parut que la solution la plus rationnelle devait se trouver dans l'émission d'un acte législatif subordonnant l'abandon des droits du domaine sur les terrains occupés par les indigènes à la constatation de la légitimité de cette possession.

*
* *

Toutes les conclusions que je viens de déduire devant vous ont, à l'heure actuelle, trouvé leur application, les unes, — les plus nombreuses, — dans des textes déjà en vigueur, les autres, dans des projets à l'étude ; en sorte que la solution pratique de la question foncière, en Afrique occidentale française, engagée depuis quatre ans, se poursuit avec toute la régularité et toute l'ampleur qu'exige une œuvre aussi importante.

J'ai exposé tout à l'heure les critiques les plus graves que soulevaient les Décrets de 1900 et 1901, instituant un nouveau régime de la propriété foncière : elles ont paru suffisantes pour justifier une révision de ces actes et leur remplacement par un Décret unique, commun aux cinq colonies du groupe, qui porte la date du 24 juillet 1906 et réalise une organisation foncière complète et définitive.

C'est sur cet acte qu'il me faut tout particulièrement insister, car ce sont ses dispositions qui doivent assurer, en même temps que la constitution de la propriété privée parmi les indigènes, la conservation des droits réels au profit de tous les titulaires, sans distinction d'origine, et ce sont elles, par conséquent, qui, à un moment donné, doivent devenir la règle unique, la charte commune de l'ensemble de la propriété immobilière en Afrique occidentale française.

*
* *

Je tiens, avant toutes choses, à attirer votre attention sur la forme que revêt le registre affecté à l'immatriculation des immeubles.

A la différence de celui qui a été mis en usage dans les autres Colonies françaises, ce registre est un véritable *Livre foncier* (Art. 2 et 11). Établi sur grand format, il est disposé de façon à ce que chaque feuille ouverte présente le compte complet d'un immeuble ; en effet, avec un système de publicité strictement réelle, chaque compte ne doit être affecté qu'à une seule unité foncière.

Les comptes ouverts, appelés *Titres fonciers*, comportent cinq tableaux ou sections, où sont mentionnés sommairement :

Dans le premier : la consistance de l'immeuble ;

Dans le second : les augmentations, provenant d'acquisitions de parcelles contiguës, et les diminutions, résultant d'aliénations partielles ;

Dans le troisième : les restrictions apportées aux droits du propriétaire du fonds :

1° Par démembrement du droit de propriété et constitution d'usufruit, de servitude, d'emphytéose, etc. ;

2° Ou à raison de causes d'indisponibilité absolue ou relative, pour réserve de droits de réméré, de résiliation ou de révocation, domanialité publique, dotalité, saisie, etc. ;

Dans le quatrième : les mutations successives, quelle qu'en soit l'origine ou la cause ;

Dans le cinquième : les privilèges et hypothèques.

Chacune des mentions sommaires inscrites à l'un des tableaux porte une référence numérique à un *Bordereau analytique* (art. 12), faisant connaître l'origine, la nature et les modalités du droit réel mentionné ; la série de ces bordereaux analytiques est conservée dans un dossier spécial à chaque immeuble et formant une sorte d'annexe au titre foncier.

Chaque propriétaire reçoit une *Copie* du titre afférent à l'immeuble qui lui appartient (art. 95-5), copie qui revêt la forme d'un cahier et contient, sous couverture parcheminée :

1° Un feuillet absolument identique à la feuille ouverte du livre foncier et comportant les mêmes tableaux ou sections ;

2° Une série de duplicatas des bordereaux analytiques conservés au dossier de l'immeuble.

Grâce à cette disposition, toute personne, même la moins initiée aux affaires, est en mesure, par un simple examen de la copie de titre que doit pouvoir produire le propriétaire foncier avec lequel elle se propose de traiter, de se rendre très exactement compte de la consistance tant matérielle que juridique de l'immeuble représenté.

Enfin la publication des droits réels constitués sur un immeuble immatriculé donne lieu, indépendamment des mentions à faire au Livre foncier et à la Copie de titre, à la délivrance de *Certificats d'inscription*, sorte de titres nominatifs, destinés à demeurer aux mains des bénéficiaires des droits constitués et à leur servir tant à en exiger l'exécution, le cas échéant, qu'à en opérer, au besoin, la cession à des tiers.

Il est à noter que, pour augmenter encore les garanties des porteurs de Copies de titres et Certificats d'inscription, ces documents emportent exécution parée, avec dispense d'insertion de la formule exécutoire (art. 95, dern. al.).

Mais les améliorations ne visent pas seulement la forme des registres et des documents annexes; elles portent également sur la teneur même des renseignements fournis.

Le décret de 1906, par un scrupuleux respect des principes fondamentaux du système Torrens, prescrit, comme condition de garantie de la valeur absolue qu'il attribue aux mentions du Livre foncier, l'examen, par le Conservateur, des actes à mentionner (art. 116); cet agent n'a plus à obéir aveuglément aux réquisitions des parties : il doit, sous sa responsabilité, les accueillir ou les rejeter ; les principes de légalité et de force probante ne peuvent pas, en effet, être dissociés, sous peine de rendre les garanties promises tout à fait illusoires. Des dispositions spéciales déterminent, d'ailleurs, les justifications légales de nature à couvrir, dans une juste mesure, la responsabilité du préposé (art. 119 à 123) et à garantir, en même temps, les intéressés contre une erreur possible de sa part (art. 124 et 143).

*
* *

Et maintenant que j'ai fait connaître la forme extérieure du Livre foncier et les raisons d'être de sa valeur juridique, je dois fournir quelques explications sur la manière dont l'immatriculation des immeubles va s'y effectuer.

A la différence des Décrets de 1900 et 1901, celui de 1906 autorise l'inscription au Livre foncier des immeubles de tous propriétaires, européens ou indigènes. Cette modification était indispensable autant pour permettre l'évolution de la tenure foncière indigène et sa transformation en propriété privée individuelle, que pour assurer en même temps, dans l'avenir, le maintien d'un régime foncier unique.

En effet, le nouvel acte organique reconnaît implicitement et consacre la co-existence, dans les Colonies de l'Afrique occidentale française, de trois régimes fonciers, savoir : le régime coutumier, pour les immeubles détenus par les indigènes (art. 5-2°, 8, 58, 65, av. dern. al.); le régime hypothécaire, pour ceux qui ont déjà donné lieu à des formalités de transcription ou d'inscription, dans les formes réglées par les Décrets de 1861 et 1862 (art. 9, 100 et suiv.); enfin le régime des livres fonciers, qu'il a pour objet essentiel d'instituer ; mais cette reconnaissance et cette consécration n'ont d'autre intérêt que de préparer la prédominance rapide et, plus tard, l'application exclusive du dernier d'entre eux, destiné à supplanter progressivement les deux autres.

Dans ce but, l'immatriculation n'est déclarée facultative qu'en ce qui concerne les immeubles déjà soumis au régime hypothécaire et justiciables de la loi française ; elle est, au contraire, obligatoire pour ceux qui demeurent régis par la coutume et constitue la condition de leur admission au bénéfice de cette même loi (art. 5) ; le triomphe définitif du Livre foncier est donc ainsi assuré, puisque, d'une part, le nombre des immeubles soumis au régime coutumier va diminuer constamment, en raison des immatriculations imposées par la loi ; que, d'autre part, le nombre des propriétés soumises au régime hypothécaire, sans pouvoir plus désormais s'accroître, — le choix n'étant plus permis entre les deux régimes français, — tendra en même temps à diminuer, lui aussi, par suite des immatriculations requises volontairement ; et puisqu'enfin, à l'inverse, le nombre des titres fonciers constitués pour l'application du nouveau régime s'augmentera journellement de celui des feuillets ouverts aux propriétés soustraites aux deux autres.

Quant à l'évolution de la propriété indigène et à sa transformation en propriété incommutable, elle est assurée par la mise en vigueur de l'art. 58 du Décret, aux termes duquel la formalité de l'immatriculation, appliquée aux immeubles détenus par les indigènes, a pour effet de consolider les droits précaires exercés par ces derniers, en leur conférant, dans la mesure nécessaire, les attributs constitutifs du droit de propriété qui peuvent leur faire défaut.

En voici, d'ailleurs, le texte exact :

« Dans les parties de l'Afrique occidentale française où la tenure « du sol par les habitants ne présente pas tous les caractères de « la propriété privée, telle qu'elle existe en France, le fait, par « un ou plusieurs détenteurs de terres, d'avoir établi, par la pro- « cédure de l'immatriculation, l'absence de droits opposables à « ceux qu'ils invoquent a pour effet, quels que soient les incidents « de la procédure, de consolider leurs droits d'usage et de leur « conférer les droits de disposition reconnus aux propriétaires par « la loi française. »

Ayant pour objet de régler, dans toute l'Afrique occidentale française, le passage sous l'empire de la loi française de biens soumis à des coutumes nombreuses et variées, cet article, on le voit, est conçu en termes très généraux, de façon à ce qu'il puisse s'adapter à toutes les situations ; aussi le Tribunal de Dakar a-t-il pu, par plusieurs jugements rendus en mars 1908, décider que, malgré l'étendue des droits reconnus à l'État, sur le sol du Cayor et de la presqu'île du Cap Vert, par une jurisprudence à laquelle il n'entend porter, d'ailleurs, aucune atteinte, les indigènes possesseurs de terrains à Dakar et dans la banlieue sont en droit de réclamer à leur profit le bénéfice de cette disposition libérale (*Bulletin des décisions*, 1908, 1-2).

* * *

L'un des principaux avantages du système Torrens est, dans toutes les législations qui en sont dérivées, la sécurité donnée au propriétaire de l'immeuble immatriculé : le Décret de 1906 contient, pour sa part, de nombreux articles destinés à affermir encore sa situation.

J'ai signalé déjà que la foi due au Livre foncier était justifiée par la vérification rigoureuse des actes imposée au Conservateur. A elle seule, cette mesure doit empêcher, d'une façon à peu près infaillible, la publication d'actes n'émanant pas d'un légitime propriétaire (art. 118 à 124).

Mais il était deux écueils à éviter : il pouvait arriver qu'une aliénation du droit de propriété ou la constitution d'un autre droit réel fût consentie, soit de bonne foi et par un acte régulier quant à la forme, par un héritier apparent prématurément inscrit, soit de mauvaise foi et à l'aide de procédés frauduleux, par un tiers sans qualité.

Ces deux cas sont prévus.

D'une part, les droits de l'héritier inscrit ne deviennent définitivement opposables aux tiers qu'autant qu'ils n'ont donné lieu, dans les six mois qui suivent l'ouverture de la succession, à aucune revendication de la part d'un héritier de rang préférable (art 134, 2e al.); il est donc prudent de ne traiter avec un propriétaire tenant son droit d'une mutation opérée par décès qu'après l'expiration de ce délai de six mois ; cette précaution mérite d'autant plus d'attention que le même délai de six mois est ouvert aux créanciers et légataires d'un défunt pour publier leur demande en séparation de patrimoine (art. 29).

D'autre part, les aliénations de propriété et constitutions de droits réels faites frauduleusement sur des titres fonciers, au préjudice du véritable propriétaire, sont qualifiées de stellionat et, comme telles, passibles des peines prévues par l'art. 405 du Code pénal, auxquelles s'ajoutent, en cas de faux, celles de droit commun (art. 151 et 152).

*
* *

La sécurité ainsi donnée au propriétaire foncier n'a pas seulement pour conséquence de lui assurer la paisible jouissance de ses immeubles; elle tend surtout à lui permettre d'user le plus largement possible du crédit que confère la possession d'un patrimoine susceptible de former, à un moment donné, au profit d'un bailleur de fonds, un gage certain et facilement réalisable.

A ce point de vue encore, le Décret de 1906 contient toute une série de dispositions particulièrement intéressantes.

Il va sans dire que, comme les Décrets organiques du même régime foncier dans les Colonies de Madagascar et du Congo, et comme aussi les Décrets de 1900 et 1901 qu'il a remplacés, il supprime les charges occultes, telles que l'hypothèque légale, — à laquelle il substitue l'hypothèque forcée, limitée et spécialisée, — et les charges générales, telles que l'hypothèque judiciaire; mais il ne s'en tient pas là et il apporte au régime antérieur deux additions dont l'utilité ne saurait être contestée.

Il institue, d'une part, pour les obligations à court terme, le prêt sur titre foncier, le *mortgage in equity* australien.

Cette facilité constitue l'un des avantages les plus justement vantés du système Torrens et c'est celui que l'on a toujours invoqué, en première ligne, pour assurer la diffusion du régime des Livres fonciers.

Aussi est-ce sur des bases identiques à celles du *mortgage in equity* qu'a été organisé, en Afrique occidentale française, le prêt sur titre foncier (art. 43 et 132). Le contrat est rédigé comme si l'inscription devait être prise immédiatement, puis il est remis, avec la Copie du titre foncier donnée en gage au créancier; celui-ci opère le dépôt des deux pièces au bureau de la Conservation, en faisant défense, par écrit, au Conservateur de déférer à aucune réquisition d'inscription au préjudice de son droit, dans un délai qui ne peut être supérieur à quatre-vingt-dix jours ; le Conservateur fait mention de cette opposition, — non pas à l'encre rouge, comme en Australie, mais au crayon, — dans un cadre spécial réservé au feuillet de l'immeuble sur le livre foncier et non reproduit exceptionnellement sur la Copie. Si, dans le délai fixé pour le remboursement du prêt, une autre inscription est requise, le Conservateur n'y procède qu'après avoir publié, au préalable, dans la forme ordinaire, le droit d'hypothèque garanti par l'opposition ; si, au contraire, la situation ne s'est pas modifiée dans le délai prévu, le créancier intéressé doit, à l'expiration, retirer ses pièces ou requérir inscription régulière, suivant que la créance a été ou non remboursée, et la mention provisoire du cadre spécial est, dans les deux cas, effacée.

Grâce à ce procédé, qui confère au créancier des garanties égales à celles d'une inscription ordinaire, tout en permettant au débiteur de ne pas révéler, par une mention sur sa Copie, la nécessité où il s'est trouvé de faire, pendant quelques semaines, appel au crédit, les petits propriétaires eux-mêmes peuvent désormais, au Sénégal notamment, trouver les capitaux nécessaires pour prendre part aux opérations de la traite dans des conditions avantageuses.

L'autre addition apportée, dans le même ordre d'idées, par le Décret de 1906 à ceux de 1900 et 1901, est moins originale, en ce sens qu'elle se rencontre déjà dans le Décret du 16 juillet 1897, pour Madagascar ; elle a pour objet de rendre, par une procédure simplifiée, la réalisation du gage hypothécaire moins onéreuse. A cet effet, à la procédure longue et compliquée du Code métropolitain, a été purement et simplement substituée la procédure spéciale créée pour les Sociétés de crédit foncier par le décret de 1852 ; en outre, une disposition nouvelle permet aux intéressés de prévoir, dans l'acte d'obligation, que la vente de l'immeuble hypothéqué, en cas d'expropriation, pourra avoir lieu par le ministère d'un notaire, ce qui doit encore réduire, si des poursuites deviennent nécessaires, les frais qu'elles entraînent (art. 54 et 55).

*
* *

Mais ce ne sont point là encore les seuls avantages que l'on doive reconnaître au Décret de 1906 ; il présente, au point de vue de la méthode de constitution du Livre foncier, de la procédure d'immatriculation proprement dite, de notables différences avec ce qui se pratique en Tunisie, à Madagascar et au Congo et cela dans le but de procurer aux propriétaires africains une diminution de frais très sensible.

En premier lieu, les agents du Service topographique ne procèdent pas eux-mêmes aux opérations de plantation des bornes et de levé des plans.

Les particuliers qui désirent faire immatriculer leurs immeubles au Livre foncier sont tenus de fournir, à l'appui de leur demande, — à l'exemple, d'ailleurs, de ce qui se passe en Australie, — en même temps que leurs titres de propriété, un plan des terrains, qu'ils établissent eux-mêmes, s'ils ont les connaissances suffisantes pour cela, ou qu'ils font établir par telle personne qu'il leur plaît de choisir (art. 65, dern. al.) ; en outre, les signataires des réquisitions placent ou font placer aussi eux-mêmes, aux angles de la périphérie des terrains, et seulement si les limites des immeubles ne sont pas assez apparentes (art. 64), des bornes maçonnées, dont le législateur a simplement indiqué les dimensions *minima* (art. 63).

Une autre simplification non moins intéressante est celle qui tend à rendre l'intervention de l'autorité judiciaire le plus restreinte possible.

Alors qu'en Tunisie, l'immatriculation ne peut avoir lieu, dans tous les cas, qu'en vertu d'une décision du Tribunal mixte institué spécialement pour l'application du régime créé par le Décret de 1885 ; alors qu'à Madagascar et au Congo, la même formalité est subordonnée, pour les procédures closes sans opposition, à la signature d'une ordonnance par le Juge-Président du Tribunal civil, le Décret de 1906, — se conformant en cela encore à la loi australienne, — confie au Conservateur le soin, pour toutes les demandes non frappées d'opposition, de procéder sous sa responsabilité à l'immatriculation (art. 80).

Il est inutile d'insister pour faire apprécier l'économie que doit procurer aux propriétaires fonciers la combinaison de ces diverses prescriptions.

D'ailleurs, l'intention manifeste du législateur de réduire les frais d'établissement du Livre foncier dans la plus large mesure

possible se manifeste dans toutes les dispositions du texte organique ; on peut en voir une preuve nouvelle dans le double avantage résultant, pour les demandeurs en immatriculation et les
propriétaires d'immeubles immatriculés, d'un côté, de l'exemption
d'impôts dont bénéficient les pièces spécialement établies pour être
produites à l'appui d'une demande d'immatriculation ou d'inscription (art. 116) ; de l'autre, de l'établissement d'un tarif de frais
qui, composé surtout de droits proportionnels, ne comporte aucun
droit fixe élevé comparable à ceux qui, venant s'ajouter aux frais
énormes occasionnés par les opérations du Service topographique,
en Tunisie et à Madagascar, s'opposent, pour ainsi dire, à l'immatriculation des immeubles de faible valeur.

*
* *

La tâche de l'Administration, cependant, ne se trouvait pas
achevée du fait qu'elle avait, par la promulgation du Décret du
24 juillet 1906, permis à tous, européens et indigènes, de faire
consacrer leurs droits récents ou anciens de propriétaires fonciers
et d'user complètement des prérogatives que comporte cette qualité ; il fallait encore qu'elle songeât à cette partie de la population
indigène, — la plus importante, bien certainement, — qui, n'étant
pas en état, pour l'instant, de comprendre l'utilité de la réforme
réalisée, continuait à vivre comme par le passé ; à l'égard de ces
primitifs, il ne suffisait pas d'avoir préparé l'évolution du régime
coutumier, il fallait surtout leur inspirer confiance, faciliter leur
adhésion à notre action, leur participation même au développement du pays, en leur garantissant le libre exercice des droits
acquis.

Sans doute, le fait d'avoir reconnu, dans le Décret de 1906,
l'existence d'un régime coutumier applicable aux immeubles détenus par les indigènes, constitue une manifestation très nette des
intentions de l'Administration française ; il y avait cependant intérêt à marquer avec plus de précision encore, à formuler expressé-
ment les volontés du Gouvernement.

J'ai dit que le Décret du 23 octobre 1904 présentait de nombreuses lacunes et qu'il ne pouvait être considéré comme un acte
définitif pour l'organisation du domaine. Une révision générale des
textes sur la matière fut donc entreprise et, à cette occasion, le

Gouvernement général a proposé au Département l'adoption des dispositions suivantes, insérées dans un projet de décret destiné à remplacer les textes actuellement en vigueur :

« Art. 43. — Le domaine de chaque colonie ou domaine local « comprend, sauf additions ou modifications, les biens ci-après :

« 1°… 14°. Les portions des territoires acquis à la France par « voie de conquête ou par l'effet d'actes de cession volontaire, qui, « n'ayant jamais fait ou ayant cessé de faire, de la part d'un indi- « vidu ou d'une collectivité, l'objet d'une possession fondée sur « titre régulier ou d'une utilisation exclusive conforme à la cou- « tume locale, sont demeurées ou devenues vacantes et sans maître… ;

« Art. 49. — Par dérogation aux prescriptions de l'article pré- « cédent » (relatif aux concessions), « les indigènes peuvent pra- « tiquer, sur les terres vaines et vagues du domaine, sans demande « de concession préalable, mais sous condition d'observation des « règles fixées par la coutume locale, toutes occupations nouvelles « et acquérir, ce faisant, tout droit attaché par ladite coutume à la « mise en valeur du sol, avec faculté de conversion ultérieure de « ce droit en droit de propriété, conformément aux prescriptions « de l'article 58 du Décret du 24 juillet 1906. Cette disposition « cesse toutefois d'avoir effet en ce qui concerne les terrains dont « l'immatriculation a été spécialement poursuivie et effectuée au « nom de la Colonie ou qui se trouvent compris dans le périmètre « d'agglomérations urbaines pourvues d'un plan de lotissement « ou d'alignement, aucun droit réel ne pouvant être créé ni acquis « sur ces immeubles qu'en conformité des règles déterminées par « les articles 46 à 48. »

Un tel projet démontre surabondamment que, si l'Administration n'hésite pas à revendiquer, même par la voie judiciaire, les droits qui ont appartenu jadis aux anciens Chefs indigènes, à l'autorité desquels celle de la France est aujourd'hui substituée, elle n'entend pas, pour cela, priver les populations des avantages que leur con- férait la coutume et qu'elle apporte, au contraire, tous ses efforts à leur en assurer, — sans craindre de se lier par des actes formels, — la plus complète jouissance.

C'est dire combien peu justifiées sont les critiques, parfois acerbes, formulées par les adversaires de la thèse défendue, — avec succès, d'ailleurs, — par le Gouvernement général. On a accumulé les arguments et les citations pour établir que l'État, en émettant la prétention d'exercer les droits qui lui appartiennent sur le sol de ces Colonies, portait atteinte aux droits préexistants des collectivités et de leurs Chefs ; or, si l'on reprend l'un après l'autre les arguments développés, les citations rapportées, on peut voir que, invariablement, le principe sur lequel on entend asseoir les droits réclamés en faveur des collectivités indigènes n'est autre que celui que le Code civil français applique, lorsqu'il attribue à l'État les biens sans maître. Les collectivités indigènes, — ou leurs Chefs, en leur lieu et place, — ne pouvaient prétendre à la propriété des territoires occupés que par la confusion du droit de propriété et du droit de souveraineté : aujourd'hui, depuis que ces collectivités ont vu leur personnalité absorbée par celle de la France, les droits qui leur appartenaient sont passés dans le domaine de cette nation, en même temps que leurs membres sont devenus ses sujets. L'attitude prise par l'Administration française à leur égard prouve bien qu'ils n'ont pas de meilleur défenseur de leurs intérêts que cette Administration même.

*
* *

J'ai terminé, et je dois m'excuser sans doute d'avoir retenu trop longtemps votre attention ; mais vous avez pu voir combien le sujet est vaste et j'aurais eu, certes, encore beaucoup à dire, si j'avais voulu être complet : j'aurais dû, en effet, exposer et discuter les critiques soulevées par certains actes de l'Administration ; expliquer comment quelques-uns d'entre eux, — malheureux, j'en conviens, — ont été le résultat d'erreurs excusables au début de l'application d'un régime nouveau ; j'aurais dû faire connaître enfin les résultats intéressants acquis en quelques années.

Je considérerais toutefois comme atteint le but qui m'était assigné, si j'avais la certitude d'avoir suffisamment mis en lumière la bienveillance que l'Administration française n'a cessé, dans le règlement de la question foncière, de témoigner à la population indigène ; bienveillance qui se révèle dès le début, alors que la question n'existait pour ainsi dire pas, par l'arrêté de 1822 ; qui, quarante ans plus tard, se manifeste largement, dans les actes du Gouverneur Faidherbe, aussi bien par les efforts tentés pour protéger l'indigène contre les spéculateurs que par les mesures prises pour l'amener à la conception de la propriété privée et lui assurer là possession régulière de la terre qu'il a cultivée; qui, enfin, dans les actes législatifs les plus récents, se traduit par la confirmation expresse des droits existants, la garantie accordée pour leur libre exercice dans la forme qu'ils revêtent et les moyens donnés au bénéficiaire d'en obtenir la consécration et la consolidation à l'heure par lui choisie.

Si l'on remarque que, cependant, même en assurant ces avantages considérables aux possesseurs du sol, grâce à l'originalité de la solution adoptée, à ce simple fait que l'État colonisateur s'est réservé, par la revendication toute théorique des droits des anciens Chefs, un moyen de contrôle efficace pour suivre le travail de constitution de la propriété privée et hâter l'avènement d'un régime foncier unique, on arrivera sans doute à cette conclusion que la question foncière a cessé de se poser, qu'elle est définitivement résolue, dans les territoires de l'Afrique occidentale française.

MACON, PROTAT FRÈRES, IMPRIMEURS

MACON, PROTAT FRÈRES, IMPRIMEURS

www.ingramcontent.com/pod-product-compliance
Lightning Source LLC
Chambersburg PA
CBHW051402060726
47596CB00005B/2042